Gallimard Jeunesse/Giboulées
Sous la direction de Colline Faure-Poirée

Conception graphique: Néjib Belhadj Kacem
© Gallimard Jeunesse, 2008
ISBN : 978-2-070-61622-0
Premier Dépôt légal : avril 2008
Dépôt légal : mars 2011
Numéro d'édition : 182611
Loi n° 49956 du 16 juillet 1949
sur les publications destinées à la jeunesse
Imprimé en Belgique

Les parents
se séparent

Textes : Dr Catherine Dolto et Colline Faure-Poirée
Illustrations : Frédérick Mansot

GIBOULÉES
GALLIMARD JEUNESSE

Tous les enfants naissent de l'amour d'une femme et d'un homme. Mais il arrive que les parents ne s'aiment plus assez pour vivre ensemble. Ils ne sont plus amoureux et ne veulent plus avoir de nouveaux enfants ensemble.

Quand les parents ne peuvent plus s'entendre du tout, il vaut mieux qu'ils se séparent. S'ils sont mariés, on dit qu'ils divorcent. Il y a une loi pour ça, des juges et des avocats qui s'en occupent.

Un divorce, ça fait souffrir tout le monde. Parfois, un des deux parents ne voudrait pas se séparer, il est très malheureux et c'est dur pour lui et ceux qui l'aiment. On aimerait le consoler et le sentir plus fort. Parfois, on en veut à nos parents.

Quand ils se disputent, ça fait très peur. Mais, comme les orages ou les pluies très fortes, un jour les cris se calment et s'arrêtent.

Quand on les entend se disputer, on est très malheureux, on se sent comme coupé en deux. On a peur que ce soit notre faute et ça aggrave encore les choses.

Ce n'est jamais vraiment à cause des enfants que les parents ne s'entendent plus, mais parce qu'il n'y a pas assez d'amour entre eux. On est tellement inquiet que, même sans s'en rendre compte, on se débrouille pour qu'ils se fâchent. Après on est encore plus malheureux.

Pourtant, il y a une chose qui ne changera jamais, c'est qu'ensemble, ils sont nos parents, même si chacun vit avec une nouvelle personne qu'il aime. On ne divorce pas de ses enfants ni de ses parents.

On a le droit de se sentir bien partout et d'avoir de la place pour tout le monde dans notre cœur, ceux d'avant la séparation et ceux qu'on rencontre après.

Souvent, un des parents habite avec une personne qui a des enfants. Ils peuvent devenir des amis ou des frères et sœurs de cœur. Parfois, c'est difficile de les aimer et de partager. On souffre de jalousie.

Quand nos parents sont séparés, ils ont chacun une maison. Ça pince un peu le cœur de ne plus vivre tous ensemble et d'avoir deux maisons, même si on les aime toutes les deux.

Quand nos parents redeviennent amis après la tempête de la séparation, c'est mieux pour tout le monde, mais avoir deux familles, ce n'est pas toujours facile.